CATALOGUE

DU

MUSÉE-BIBLIOTHÈQUE

DU HAVRE

Prix : 60 Centimes

HAVRE
IMPRIMERIE ALPH. LEMALE, QUAI D'ORLÉANS

1860

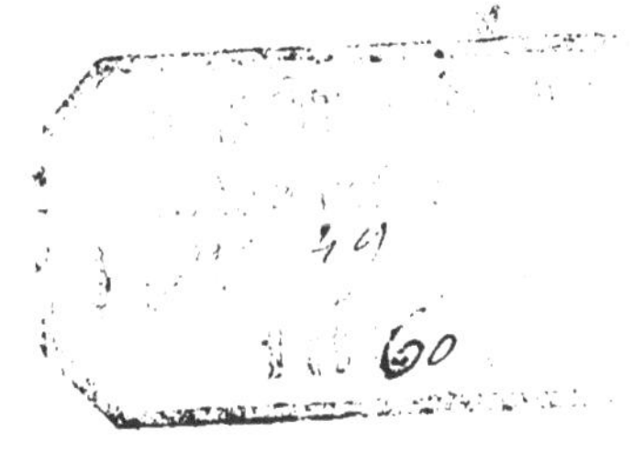

CATALOGUE

DU

MUSÉE-BIBLIOTHÈQUE

DU HAVRE

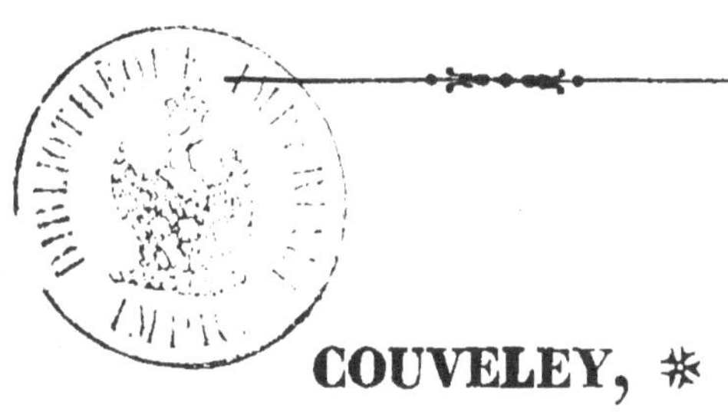

COUVELEY, ✱

Directeur du Musée de Peinture et de Sculpture

HAVRE

IMPRIMERIE — ALPH. LEMALE, — QUAI D'ORLÉANS

1860

TABLEAUX

Van Dyck (attribué)

Né à Anvers le 22 mars 1598, mort à Londres 1641.

1 — Portrait du duc de Moncade, gouverneur des Pays-Bas, pour l'Espagne.

Giroux (ACHILLE).

Peintre d'animaux.

2 — Un laboureur. La charrue est attelée de deux bœufs; un jeune homme retient le cheval qui est en avant. Sur le premier plan à gauche un sac blanc, une bouteille de grès et un chapeau; dans le fond une ferme parmi de grands arbres.

Ciceri (EUGÈNE).

Né à Paris, élève de son père.

3 — Intérieur d'une écurie. Sur le premier plan un coq et des poules, dans le fond un lit suspendu. La scène est éclairée par un coup de soleil.

Chasserlau (THÉODORE).

Né à Panama (Amérique espagnole) de parents français. Élève de M. Ingres.

4 — Un abrevoir. Un jeune arabe fait boire son cheval.

Garneray ✻

Peintre de Marine.

5 — Vue de plusieurs vaisseaux anglais au mouillage ; dans le fond des chantiers de constructions. Sur le premier plan à droite une embarcation.

Couveley ✻.

Né à Charleville, Ardennes, élève de son père.

6 — Vue du port du Havre, prise de la mer, marée montante ; entrée du *Ferrière*. Sur le premier plan, une embarcation de Pilote.

donné par le Ministère de l'Intérieur.

Hondekoeter.

7 — Un Chien de chasse défend du Gibier contre un Oiseau de proie.

Donné par Madame Rousselin.

Rubens (P.-PAUL).

Né en 1577, mort en 1640.

8 — L'Automne : Un groupe d'enfants portant des fruits.

Mozin.

Né à Paris, élève de Xavier le Prince.

9 — Vue de l'entrée du port de Honfleur par une mer houleuse.

Donné par l'Empereur.

Masure (JULES).

Né à Braisons. (Aisne) élève de MM. Corot et Ary Scheffer.

10 — Vue des bords de la Seine près du bas Meudon.

Lambert (EUGÈNE).

Né à Paris, élève de M. Eugène de Lacroix.

11 — Intérieur d'une cour de village, coq et poules; dans le fond une figure.

Yvon (ADOLPHE) ✻.

Né à Esnerviller (Moselle), élève de M. Paul de Laroche.

12 — Le Christ chassant les Vendeurs du Temple.

Donné par le ministère.

Morin.

Directeur de l'école de Peinture à Rouen.

13 — La prière du soir. Une vieille femme fait prier une jeune fille.

Ecole Flamande.

14 — Assomption de la Vierge; un groupe d'anges l'environne.

Ecole Italienne.

15 — Tête d'homme.

16 — Suzanne surprise au bain.

Gamain.

Peintre de Marine, artiste du Havre.

17 — Le Humboldt, dans le bassin du Havre.

Téniers (DAVID) père.

Né en 1582, mort en 1649 ; école flamande.

18 — Intérieur d'Estaminet.

Coignard (LOUIS).

Né à Mayenne (Mayenne), élève de M. Picot.

19 — Un Troupeau d'animaux dans un paysage.

Donné par le Ministère.

Couveley ✻ (d'après **Metsu**).

20 — Petite copie du Marché aux herbes d'Amsterdam.

d'après **(Joseph Vernet).**

21 — Clair de Lune.

Troyon (CONSTANTIN) ✻.

Né à Paris, élève de M. Riocreux.

22 — Grand Paysage.

Marche d'un troupeau de moutons.

Donné par le Ministère.

Boudin.

Né à Honfleur, pensionnaire de la Ville.

23 — Marine.

(d'après **Ruisdaël**).

24 — Animaux dans un paysage.

(d'après **Paul Patter**).

Lafond (ALEXANDRE).

Né à Paris, élève de M. Ingres.

25 — Un Buveur.

Donné par l'Empereur.

Champmartin.

26 — Sainte Geneviève, patronne de Paris.

donné par le Ministère.

De Taverne.

27 — Copie d'un tableau de l'École Venitienne.

Donné par le Ministère.

Watteau (ANTOINE) (école de).

28 — Scène pastorale.

29 — Idem.

Bonvoisin.

30 — Portrait de Louis XVIII.

Van der Velde (GUILLAUME).

Né à Amsterdanm, en 1639, mort en 1672, élève de Wynants.

31 — Marine. Vaisseau de l'État avec les armes de Louis XIV.

Metsu (GABRIEL) (d'après).

32 — Le Marché aux herbes d'Amsterdam.

Ecole Italienne (maitre inconnu).

33 — Deux figures.

Ecole moderne.

34 — Portrait de l'Archevêque de Paris, tué sur les barricades.

Titien (école de).

35 — Bacchus et Ariane.

Feulard fils.

Élève de son père, artiste du Havre.

36 — Portrait d'un vieillard (tête d'étude).

Müller (Charles-Louis) ✻.

Né à Paris, élève de Gros.

37 — Jeune fille à la Chèvre.
donné par le Ministère de l'Intérieur.

Philippe de Champagne.

38 — Portrait du cardinal Mazarin.

Carrache.

39 — Tête de Vierge.

Ecole Flamande.

40 — Fruits et Tapis.

Ecole moderne.

41 — St-Benoît.

Velasquez (d'après).

42 — L'Infante d'Espagne.

Ecole Française.

43 — Moïse sauvé.

Cabat (Louis) ✻.

Né à Paris, élève de M. Fleurs.

44 — Les disciples d'Emmaüs.
Donné par le Ministère.

Rubens P.-P. (attribué à).

45 — Esquisse. Achille reconnu par Ulysse dans l'île de Scyros.

Couture (THOMAS) ✻.

Né à Senlis (Oise), élève de Gros.

46 L'Enfant prodigue.

Sneyders.

47 — Chasse au sanglier.

Van Dyck (d'après).

48 — Le Christ aux anges.

Roux.

Né à Marseille, élève de son père, artiste du Havre.

49 — Marine. Marée basse.

Troyon ✻.

50 — Soleil couchant.

Ecole Française.

51 — Une Saison.

Mola (FRANCESCO).

Né en 1621, mort en 1666 ; école romaine.

52 — Paysage.

J. Van Balen.

Né en 1611 ; école d'Anvers.

53 — Vénus se chauffant au feu de l'Amour.

Pron (HECTOR.)

54 — Paysage près Fontainebleau.

Carlo Dolci (école de).

55 — Tête de Vierge.

Ecole Allemande.

56 — Le vieux Procureur.

Rubens (d'après).

57 — La descente de Croix.

Franck (FRANÇOIS).

Né à Anvers 1580, mort dans la même ville 1642.

58 — Le portement de Croix.

Dominiquin.

59 — Apollon se disposant à écorcher Marsyas, dans un paysage.

B. Peeters,

Ecole hollandaise.

60 — Petite Marine.

Géricault.

61 — Mouvement d'artillerie.

Ecole de Rembrandt.

62 — Tobie rend la vue à son père.

Simon Vlieger,

Florissait en 1640; école hollandaise.

63 — Vue de l'embouchure d'une Rivière avec quelques barques de pêcheurs.

Constantin Netscher.

Né en 1670, mort en 1722 ; école hollandaise.

64 — Vertumne et Pomone.

Chardin (JEAN-BAPTISTE-SIMON).

Né à Paris, en 1699, mort dans la même ville en 1780.

65 — Attributs.

Raphaël (attribué).

Né en 1483, mort en 1520 ; école romaine.

66 — Ste-Famille. Saint-Joseph présente des fleurs à l'enfant Jésus assis sur les genoux de sa Mère.

Guaspre Poussin.

67 — Paysage.

Huismans.

68 — Paysage. Un Voyageur portant un paquet.

Morin.

Directeur de l'école de peinture à Rouen.

69 — L'Alchimiste.

Pynacker (AD).

Né en 1621, mort en 1673; école hollandaise.

70 — Paysage avec Rivière et quatre Vaches.

N. Poussin.

Né aux Andelys, en Normandie, en 1594, mort en 1665, à Rome, où il a passé la plus grande partie de sa vie et exécuté presque tous ses ouvrages ; élève de Quentin VARIN.

71 — Vue de Rome.

72 — Vue de Rome.

Jean Miel.

Né en 1595, mort en 1664 ; école romaine.

73 — Pâtres ramenant leurs troupeaux.

J. Henri Roos,

dit Rosa di Tivoli (manière de).

74 — Animaux dans un paysage orné de Monuments antiques.

Gonzales Coques.

75 — Portrait en pied d'un jeune homme.

Van Kessel.

76 — Grand paysage. Dans le fond les horreurs de la guerre ; sur le devant des oiseaux aquatiques.

Ecole française.

77 — Portrait de Louis XV.

Léon Charles.

Artiste du Havre.

78 — Paysage.

Murillo.

79 — Portrait d'un jeune homme.

Ruysdael (d'après).

80 — Petite Marine.

Guillemain ✻.

81 — L'inauguration de l'Image.

Teniers David.

Né en 1610, mort en 1690 ; école flamande.

82 — Un Fumeur allumant sa pipe. Au second plan quatre Paysans jouent aux cartes.

Ecole Italienne.

83 — Les Baigneuses.

Van Aost.

84 — Portrait d'homme.

Metsu (d'après).

85 — Le Marché d'Amsterdam.

Ecole Italienne.

86 — L'enlèvement d'Hélène.

Xavier Leprince.

87 — Paysage.

Backuisen (Louis).

Né à Embden en Westphalie, en 1631, mort à Amsterdam le 7 Novembre 1709, élève de Albert Van Everdingen.

88 — Marine. Bateaux pêcheurs ; sur le premier plan à gauche une embarcation contenant quatre hommes.

Titien (d'après le)

89 — Le Christ au tombeau.

Francia (Francesco).

Né en 1450, mort en 1518 ; école de Bologne.

90 — Tête de Vierge.

Berghem.

91 — Vaches.

Guido Reni.

92 — Femme vue à mi-corps, le regard tourné vers le ciel.

Téniers (ABRAHAM), frère de DAVID.

93 — Des Paysans jouant aux cartes dans un Estaminet.

Troyon (Constantin.)

94 — Paysage.

G. V. Bronchorst (signé).

95 — Paysage avec ruines, une Fontaine sur le devant.

W. G. (Signé).

96 — Petit paysage.

Téniers (DAVID) père.

97 — Un Pâtre conduisant une vache et des moutons.

Maître inconnu.

98 — Narcisse se mirant dans la fontaine.

Téniers (DAVID) père.

99 — Les Pêcheurs retirant leur filet.

Roos (PHILIPPE) le fils.

Né en 1655, mort en 1705 ; école allemande.

100 — Troupeau de Vaches, accompagné du Pâtre avec son Chien, s'arrêtant près d'un ruisseau.

Honhorst (GÉRARD) manière de.

101 — Loth et ses filles.

Watteau de Lille (attribué à).

102 — Petite Pastorale.

Simon de Vlieger.

103 — Petite Marine par un temps gris.

D. Heem (signé).

104 — Clair de Lune ; petite Esquisse.

Le Crayer (GASPARD).

105 — Tête de Femme, étude.

C. Mozin.

Tableau donné par l'auteur.

106 - Louis XVI se rendant à Cherbourg par la plage de Trouville.

Hoskopff (SEBASTIEN) de Strasbourg.

107 — Nature morte.

108 — Idem.

Donnés par M. Toussaint.

Vernet (JOSEPH),

Ecole française.

109 — Marine, temps calme.

110 — Idem, tempête.

Stella (JACQUES).

Né en 1596, mort en 1657 ; d'après NICOLAS POUSSIN.

111 — Renaud transporté par Armide pendant son sommeil.

Romanelli (GIOV. FRANC.)

Né en 1617, mort en 1686 ; école romaine.

112 — Loth et ses filles.

Ecole Française.

du temps de Henri III.

113 — Portrait de Femme.

Badin.

Artiste vivant.

114 — La jeune Fille malade.

Albane (FRANC).

Né en 1578, mort en 1660 ; école de Bologne.

115 — Moïse sauvé de l'eau.

116 — Jacob demande Rachel en mariage.

Philippe de Champagne (attribué à).

Né en 1602, mort en 1680 ; école flamande.

117 — Saint-Pierre.

Roehn (ALPHONSE JEAN) fils.

Né à Paris, élève de Régnauld et de Gros.

118 — Le Soldat blessé, ou le bon Pasteur.

Ecole Française.

119 — Portrait du duc de Joyeuse, fondateur de l'Abbaye de Cigny, dans les Ardennes. Ce portrait provient de l'Abbaye même.

Bonvoisin.

120 — Intérieur de l'église de Montivilliers.

Jacq. Jordaens (école de).

121 — Un bain d'Anabaptistes.

F. Boucher (attribué à).

122 — Jeune Fille jouant avec une Poupée.

Rembrandt (d'après).

123 — Intérieur. Une vieille Femme filant auprès d'un Vieillard endormi ; effet de lumière.

Spranger (BARTOL).

Né en 1546, mort en 1625 ; école flamande.

124 — St-François en extase.

donné par M. Couveley.

Yvon (ADOLPHE) ✱.

Né à Eschevillér (Moselle), élève de M. Paul de Laroche.

125 — La vision de Judas Iscarioth.

Ecole Française

126 — La mort de Socrate.

Boulanger (CLÉMENT).

127 — Plafond.

Donné par l'Empereur

Demarne (attribué à).

128 — Le Moulin.

F. Henri 1760 (signé).
Ecole française.

129 — Une Tempête.

Lesueur (EUSTACHE) d'après.
L'original est au Musée du Louvre.

130 — La Prédication de St-Paul.

Pietro Testa.
Ecole romaine, à l'imitation du **POUSSIN.**

131 — Renaud et Armide.

Poussin (d'après).

132 — Une Bacchanale.

Ecole Française.

133 — Portrait d'un Abbé.

A. Dauvergne, 1838.

134 — Intérieur de la cour de l'ancien Hôtel-de-Ville, au Havre.
donné par l'auteur.

David Téniers (d'après.)

135 — Jeune Fille trayant une Vache.

Ecole Française.

136 — Vénus et Adonis.

Nanteuil.

137 — La Tentation.

École d'Italie.

138 — St-Charles Borromée.
139 — Tête d'étude.

Billardet.

140 — Petit Savoyard mourant.
Achat de la ville.

Curzon (PAUL-ALFRED de).
Né à Poitiers (Vienne), élève de Droling et de Cabat.

141 — Au coin d'un champ.
Achat de la ville.

Dehaussy.

142 — La lettre.
Achat de la ville.

Deveria.

143 — Divorce de Charles VIII.
Achat de la ville.

Gerard (EDOUARD).
Né à Paris, élève de M. Couture.

144 — Les Porcherons.
Donné par le Prince-Jérôme.

Mme Gilbert.

145 — La Charité.
(d'après ANDRÉ-DELSARTE).
Donné par Madame Gilbert.

Hamelin.

Né à Honfleur, élève de M. Ingrès.

146 — Tête d'étude.

Achat de la ville.

Gruiter (Amsterdam.)

147 — La Mer.

Achat de la ville.

Kock-Kock (Amsterdam.)

148 — Eau calme.

Achat de la ville.

Mme Lefébure (CÉLINA).

Née à Rouen (Seine-Inférieure), élève de MM. Robert Fleury et Beljoc.

149 — Rêverie.

Achat de la ville.

Dulong.

150 — Bernardin-de-Saint-Pierre.

Lambert (EUGÈNE).

Né à Paris, élève de M. Eugène de Lacroix.

151 — Les Poules.

Ecole Française.

152 — Saint Charles Borromée.

Achat de la ville.

Lotthier.

Élève de Gudin.

153 — Vue de Constantinople.

Donné par l'Empereur.

Achard (JEAN-ALEXIS).

Né à Voreppe (Isère).

154 — Grand paysage.

Donné par l'Empereur.

Attribué à Van Dick.

155 — Combat des Amazones.

Achat de la ville.

Riou.

Pensionnaire de la ville.

156 — Une Chasse impériale.

Sasso Ferato.

157 — Une Tête de Vierge.

Achat de la ville.

Tanneur ✳

158 — Marine.

Achat de la ville.

Perret (JEAN-BAPTISTE).

Né à Lyon (Rhône), élève de M. Aligny.

159 — Un Paysage.

Donné par l'Empereur.

Lambert.

160 — Nature morte.

Donné par l'Empereur.

Boudin.

Pensionnaire de la ville.

161 — Nature morte.

Mlle Vagner (Adélaide), de Lyon.

162 — Fleurs des champs.

Achat de la ville.

Verlat (Charles), d'Anvers.

163 — Deux Chiens jouant.

Achat de la ville.

Lemoyne.

164 — La Toilette de Vénus.

Achat de la ville.

Lajoue (école française).

165 — Portrait en pied.

166 — Portrait en pied.

Donné par M. Toussaint.

Valanzano.

167 — Paysage. — Normandie.

Donné par l'Empereur.

Brauwer.

168 — Intérieur.

Achat de la ville.

Riou.

Pensionnaire de la ville.

169 — Bord de la mer. Chasse au canard.

(d'après Prudhon).

170 — Le Christ en croix.

Huismans.

171 — Paysage.

Jules Romain.

172 — Copie de St-Michel, d'après Raphael.

École Espagnole.

173 — Abdication de Charles-Quint.

Van Helmont.
(École Flamande.)

174 — Intérieur d'une tabagie.

Vandermeulen.

175 — Portrait de Louis XIV.

École Italienne.

176 — Tête de Saint.

École Française.

177 — St-André.
178 — Sainte-Famille, copie d'après Raphaël.
Donné par l'abbé Herval.

Ecole Française.

179 — Petit sujet religieux.
180 — Petit sujet religieux.
Donnés par l'abbé Herval.

Janet-Lange (Ange-Louis.)

Paris, rue d'Enfer, 116.

181 — L'Empereur distribuant des secours aux Inondés de Lyon, en Juin 1858.

L'Empereur, à peine descendu à l'Hôtel de l'Europe, en est reparti à cheval pour se rendre sur les lieux des désastres causés par le débordement du Rhône. Ce sont les quartiers les plus désolés que l'Empereur a voulu parcourir en détail..... Il contemplait tous ces désastres avec une impression de tristesse profonde et paraissait visiblement ému ; rien ne saurait exprimer ce qui s'est passé entre le Souverain de la France et ce pauvre peuple....— L'Empereur était sans gardes et presque sans suite, au milieu de cette multitude d'ouvriers. De pauvres femmes, de pauvres petits enfants, se pressaient autour de son cheval ; l'Empereur s'arrêtait avec une bonté et une douceur extrêmes et paraissait, de préférence, se porter vers les plus faibles. Il avait, à l'arçon de son cheval, un sac en cuir dans lequel il puisait à chaque instant, répandant lui-même ses largesses. — Cette population, électrisée par cette entrevue du Souverain et du malheur, le regardait comme un ange consolateur : aussi éclatait-elle en acclamation avec un enthousiasme qu'il est plus facile de comprendre que de décrire. Au milieu de cette foule reconnaissante, on apercevait M. le maréchal de Castellane, M. Rouher, ministre des travaux publics, MM. les généraux Niel et Fleury, aides-de-camp de l'Empereur, etc.

(*Moniteur*, Juin 1858).

Eyck (JEAN VAN).

Né à Muaesyk vers 1370, mort à Bruges en 1441.

182 — Le Christ en Croix, Madeleine embrasse le pied de la Croix.

Guido (école de)

183 — Le Christ au roseau.

École Hollandaise.

184 — Petit portrait d'homme.

B. Van Boschoff 1706 (signé)

École flamande

185 — La Femme hydropique

Thierry Dalens.

Né en 1659, mort en 1688; école hollandaise

186 — Paysage; un voyageur sur un grand chemin.

École Flamande.

187 — Les fumeurs. — Intérieur.

188 — Idem.

Gilles Van Tilborgh (genre de)

189 — Intérieur d'Estaminet.

Van Velde

190 — Petite Marine.

Decker.

191 — Paysage.

Van Goyen.

192 — Marine.

Bard.

193 — Vue de Naples.

Gendron.

Né à Paris, élève de M. Paul Delaroche.

194 — Les Ondines.

École française.

195 — Les Naufragés.

Boudin (Eugène).

196 — Le Pardon de Ste-Anne-la-Palue, dans l'Arrondissem[t] de Châteaulin (Finistère).

Couveley. ✻

197 — Vue du Port de Nantes.

Donné par l'Empereur.

Largilière.

198 — Portrait d'un Sculpteur.

donné par M. Ochard.

SCULPTURE.

117 — Croix de l'ancienne Abbaye royale de Montivilliers.

118 — La Cheminée du *Logis du Roi*, du temps de François Ier.

NOTA. — Du n° 85 au n° 116, objets donnés par l'abbé Herval.

DESSINS ET GRAVURES

Greuze (d'après).

1 — L'accordée de Village.
2 — La Bénédiction du père.

Lancray (d'après).

3 — L'Air.
4 — Le Feu.
5 — La Terre.
6 — L'Eau.

Prudhon (d'après).

7 — La Vengeance de Cérès.
8 — Le cruel rit des pleurs qu'il fait verser.
9 — L'Amour réduit à la raison.

Léonard de Vinci (d'après).

10 — Combat de Cavaliers.
Épreuve avant toute lettre, par Edelinck.

Robert (LÉOPOLD) (d'après).

11 — Les Moissonneurs.

Ingreved.

12 — Marine.

Gravé par***

13 — Mort d'Abel.

André Delsarte (d'après).

14 — Sujet figures.

Aquarelles déposées par M. Dousseau.

15 — Panorama du Lac Leman, de la chaîne du Mont-Blanc et des Alpes occidentales, vue dessinée du sommet de la Dôle, (Jura).

16 — Ville de Thun et son Lac, alpes Bernaises, vue prise de la colline du Belvédère de Thun.

17 — Lac de Killarney, Irlande, vue prise de la colline d'Aghadoé.

18 — Tête du Lac Leman, vue prise de la colline de Chardonne, près de Vesey.

Aquarelles offertes par M. Dousseau.

19 — Chaîne du Mont-Blanc, versant méridional, vue prise du Cramont.

20 — Chaîne du Mont-Blanc, versant septentrional, vue prise du Breven.

21 — Cartes inédites de la chaîne et des glaciers du Mont-Blanc.

Couveley ✻.

22 — Vue de la Porte-Neuve, intérieur.

23 — Vue de la Porte-Neuve, extérieur.

Baril.

24 — Vue de la Porte des Pincettes.

25 — Vue de la Porte des Pincettes.

Menessier.

26 — Entrée d'une Ferme (Normandie).

27 — L'enfant prodigue, (d'après Couture.)

28 — L'inauguration de l'Image (d'après Guillemain.)

29 — St-Pierre recevant les clefs du Paradis (d'après M. Ingres.)

30 — La Peste de Milan.

31 — La Tour Malakof (d'après Yvon.)

32 — Le Montant verd d°.

33 — Le Redan d°.

34 — Vue du portail de l'Eglise Notre-Dame.

35 — Vue de la Porte du Havre.

36 — Vue de l'ancien Hôtel-de-Ville.

37 — Arrivée du Roi Louis XVI au Havre.

38 — Illumination de la Grande Rue de la ville du Havre.

39 — Le Roi sur les hauteurs d'Ingouville.

40 — Le Roi sur la plage de la rade du Havre.

41 — Carène d'un navire dans le bassin du Havre

42 — Le Roi sur le Balcon de la caserne de la Marine du Havre.

Poussin (d'après)

43 — L'extrême onction.

Bomnengton (d'après)

44 — Marine.

45 — Plage.

Wissant.

46 — Vue de l'Hôtel-de-Ville.

Hubert.

47 — Aquarelle. Grand Paysage.

Bida (ALEXANDRE).

Né à Toulouse (Haute-Garonne), élève de Eugène de Lacroix

48 — Dessin. La Leçon de musique. Un jeune homme est au piano, derrière lui une jeune fille chante ; devant eux se trouve le maître de musique jouant du violon.

49 — Dessin de l'ancien Logis du Roi au Havre.

50 — Dessin du Bombardement du Havre.

51 — Portrait d'Ancelot.

52 — Cortége Chinois.

Claude Lorrain (d'après).

53 — Le Matin.

54 — Le Soir.

55 — Les Ruines. G. P. Woollett.

Vernet (d'après).

56 — Vue du Port de Dieppe.

57 — Vue du Port de Cette.
58 — Vue du Port de la Rochelle.
59 — Vue d'Antibes.
60 — Vue d'Antibes.
61 — Marine. Gros temps. G. P. Woollett.

Reynolds (d'après).

62 — Engolin et ses fils.
63 — Jeune fille et son chien.
64 — Jeune garçon.
65 — Miss Mouckton.
66 — Miss C. **.
67 — Miss R. **.
68 — Miss B. **.
69 — Miss D***
70 — Sir James Hewitt.

Lawrence (d'après).

71 — Lord Synedock.
72 — Lady and Dog.
73 — Le Prince de **.
74 — Lord Grey.
75 — Portrait du Pape.
76 — Lady Gawer.

Gainsboroug (d'après).

77 — Le Prince Royal.

Yvon.

78 — L'Orgueil, donné par le Ministère.
79 — L'Avarice d°
80 — La Luxure d°
81 — L'Envie d°
82 — La Gourmandise d°
83 — La Colère d°
84 — La Paresse d°

Verrière (ancienne.)

85 — Le portement de Croix.

Verrière (moderne.)

par KOERT HAUDER et GONSOLIN.

86 — Le Père Eternel et la Vierge.
Le Christ en Croix; la Vierge et St-Jean sont à ses pieds.
L'adoration des Rois.
La Nativité ou l'adoration des Bergers.

Verrière (moderne.)

87 — Armoiries en entourage gothique.

Verrière (moderne.)

88 — Sainte Cécile.

Verrière (moderne.)

89 — La Sainte Vierge et l'enfant Jésus.

Verrière (ancienne

90 — L'adoration des Bergers.
91 — St-Nicolas.
Donné par l'Abbé Herval.
92 — Le Christ en croix.

Verrière (ancienne.)

93 — Espérance.

94 — Prudence.

Daguerréotype.

1 — Vue de la Tour François Ier et de la Mairie.

2 — Vue du Musée et de la Tour François Ier.

3 — Vue de la Porte du Perrey.

4 — Deux vues des Portes de la ville, deux vues de l'Inauguration des statues de Bernardin-de-St-Pierre et de Casimir-Delavigne.

SCULPTURE

1 — Sophocle.
2 — Castor et Pollux.
3 — Achille Borgheze.
4 — Diane à la biche.
5 — Antinoüs.
6 — Le Pédagogue et un fils de Niobé.
7 — Amazone.
8 — Jason.
9 — Aristide.
10 — Le Faune au chevreuil.
11 — Silène et le jeune Bacchus.
12 — Apollon du Belvédère.
13 — Bacchus.
14 — Groupe de Laocoon.
15 — Vénus d'Arles.
16 — Polymnie.
17 — Diane ajustant sa clamyde.

18 — L'histoire de Médée.
19 — Un Sarcophage.
20 — Les Danseuses.
21 — Des Offrandes.
22 — Combat des Amazones.
23 — Les Muses.
24 — Masques scèniques.
25 — Candelabre du Vatican.
26 — Candelabre du Capitole.
27 — Vase de Sosibius Athénien.
28 — Vase de la ville d'Albane.
29 — La Madeleine (marbre), par Gayrard.
30 — Le buste de Bernardin-de-St-Pierre (marbre).
31 — Le buste de Casimir-Delavigne, par David.
32 — Le buste de Voltaire.
33 — Le buste de Jean-Jacques Rousseau.
34 — Psyché, par Oudiné.

Donné par le ministère.

35 — Deux Vases de Sèvres.

Donnés par le ministère.

36 — Statue de Tourville.

Donnée par le ministère.

37 — Statue de Duquesne.

Donnée par le ministère.

38 — Groupe Graillon, représentant des Buveurs.
39 — Meuble de Boule, ayant appartenu à Louis XVI.

40 — Statue de François Ier.

41 — Buste en marbre de l'Empereur, par Barre.

donné par l'Empereur.

42 — Buste de l'Impératrice, par Barre.

donné par le Prince Jérôme.

43 — Dock, modèle américain.

44 — Façade de l'église Notre-Dame.

45 — Modèle du Musée, par Debesne.

46 — Mélingue, (l'histrion).

47 — L'Amour fustigé par Vénus, de Claudion, donné par M. Couveley.

48 — Trois stations (en albâtre Italien).

49 — Buste en Bronze.

50 — Croupe exécuté pour le duc d'Orléans par Antonin Moine, donné par M. Couveley.

51 — Sculpture en bois doré.

52 — Le couronnement de la Vierge. Bas-relief du xve siècle, donné par l'abbé Cochet.

53 — Pêcheurs, par Cuquemelle, donné par M. Couveley.

54 — Paysans Bretons do

55 — Sculpture Indienne, donné par M. Haumont.

56 — Idem Idem, donné par M. Bernos

57 — Statue mexicaine.

Grand Vestibule — Dix Panoplies d'armes de l'Océanie.

Salle des Manuscrits. — Panoplies et armes de l'Océanie.

Même Salle. — Deux Vitrines contenant des curiosités.

58 — Bas-relief, composé de quatre sujets, donné par le Dr Robin.

59 — Tombeau Mérovingien, trouvé à Envermeu en 1852, et donné par l'abbé Cochet.

60 — Bénitier provenant de l'église de Brunevalle, donné par l'abbé Cochet.

61 — Portrait de Malherbe, sculpté par Lefèvre.

62 — Tête de Christ, par Bonnaffé.

63 — Vase mexicain, donné par M. Oriot.

64 — Portrait de Lesueur, salle Lesueur.

65 — Portrait de l'Abbé Dicquemare (salle Dicquemare).

66 — Buste en marbre d'Ancelot, fait par Guerard fils.

67 — Modèle d'un Bazar au marché de Java. — Plus de 250 petits Personnages en costumes très curieux et très exacts.

68 — Buste de Renard, donné par M. Couveley.

71 — Quatre bas-reliefs en stuc.

72 — Statuette indienne (bronze.)

73 — Statuette indienne (marbre.)

74 — Vierge en terre cuite.

75 — Dieu indien.

Cordier.

76 — Un Nègre Nubien (bronze.)

77 — Une Négresse Nubienne (bronze.)

Tombes.

78 — Pierre de Béringuier (XIIIe Siècle.)

79 — Tombe (XIVe Siècle).
80 — Tombe (XIVe Siècle).
81 — Tombe (XIVe Siècle).
82 — Tombe (XVIe Siècle).
83 — Fragment.
84 — Fragments d'ornements.
85 — Camille Desmoulins, buste en pierre.
86 — Fragment, tête de Méduse, bronze doré.
87 — Le Pêcheur Napolitain, petit buste en lave.
88 — Napoléon, buste en bronze.
89 — Victoires et Conquêtes, buste en bronze.
90 — Napoléon debout, statuette en bronze.
91 — Ste-Clotilde, buste en fer, fragment.
92 — La Vierge et l'Enfant Jésus, groupe en pierre, XVIe siècle.
93 — La Fayette, cachet bronze, statuette.
94 — Ibis, bronze.
95 — Mortier, bronze, XVIe siècle.
96 — Vase culinaire, cuivre, XVIe siècle.
97 — Petit buste de Béranger.
98 — Petit buste de Voltaire.
99 — Notre Seigneur et les Disciples d'Emmaüs.
100 — Trappiste en pierre, statuette.
101 — Henri IV, buste en bronze.
102 — Louis XV, buste en bronze.
103 — Croix, cuivre, XIVe siècle.
104 — St-Jean-Baptiste, fragment, ivoire, XVIe siècle.

105 — Le général Bonaparte, médaillon.

106 — Le général Kléber, médaillon.

107 — Mgr. Dunin, archevêque de Posen, médaillon bronze.

108 — Martyre de St-Etienne, bronze.

109 — Un homme, bas-relief bronze, provenant d'Andrinople (Guerre de Crimée.)

110 — Une femme, bas-relief bronze, provenant d'Andrinople (Guerre de Crimée.)

111 — Fleur de lys, garde-feu en fonte, placé dans la cheminée de l'ancien Hôtel-de-Ville.

112 — Canon de mousquet espagnol, bronze, XVIIe siècle.

113 — Adoration des Mages, bas-relief couleur vieux bois, XVIIe siècle.

114 — Moule à balles et à plomb, cuivre.

115 — Grand vase à cava, des Iles Viti, Polynésie.

116 — Mortier Russe, fonte (Guerre de Crimée.)

COLLECTION

DE CURIOSITÉS

1 — 3 Colliers d'Afrique.
2 — 1 Cadenas d'Afrique.
3 — 1 Cachet d'Afrique.
4 — 9 Haches romaines.
5 — 1 Statue en terre.
6 — 1 Couteau d'Afrique.
7 — 9 Objets romains tels que: bagues, épingles, etc.
8 — 1 Tambour d'Afrique.
9 — 1 Tapis en plume.
10 — 1 Fusil ancien.
11 — 2 Instruments de musique.
12 — 2 Paniers en jonc.
13 — 1 Vêtement de sauvage.
14 — 2 Costumes de sauvage.
15 — 1 Instrument de musique, donné par M. Toussaint.

16 — 6 Arcs.
17 — 1 Paquet de flèches.
18 — 3 Sagaies.
19 — 1 Panier en coquilles.
20 — 4 Paires chaussures indiennes.
21 — 2 Vases en corne.
22 — 2 Poignards en corne.
23 — 1 Fer de lance.
24 — 1 Grand couteau.
25 — 1 Bonnet en osier.
26 — 1 Paquet de petites flèches dans un étui.
27 — 4 Colliers en bois d'Afrique.
28 — 1 Petit bateau de Kodiachs.
29 — 1 Figure de femme, donnée par le capitaine Cousin.
30 — 1 Rouleau de peintures chinoises. Promenade de l'Empereur de la Chine.
31 — 2 Portraits : l'Empereur de la Chine et d'un Mandarin.
32 — 1 Jeune fille Chinoise.
33 — 1 Jeune femme Chinoise.
34 — 10 Pagaies, données par M. Cousin.
35 — 1 Lance chinoise.
36 — 1 Harpon avec une bouée.
37 — 1 Grande lance.
38 — 1 Grand tube à lancer des flèches.
39 — 1 Chapeau malais.
40 — 1 Vase du Mexique.
41 — 1 Figure romaine (fragment.)

42 — 1 Épingle romaine, donnée par M. Eyriès.
43 — Bottes des Esquimaux.
44 — 1 Vase et un bassin, faits par les Patagons.
45 — 1 Arc, fait par les Indiens de l'Amérique du Nord.
46 — 1 Chapeau chinois.
47 — 1 Corne de bœuf.
48 — 1 Morceau de pavé du camp romain à Sainte-Adresse.
49 — 2 Vases en terre du Sénégal.
50 — 1 Bouclier en terre du Sénégal.
51 — 1 Bonnet de sauvage.
52 — 1 Instrument de pêche.
53 — 4 Flèches, données par le capitaine Cousin.
54 — 5 Lances, données par M. Grossil fils, de Dijon.
55 — Marché indien, donné par M. Latham.
56 — 1 Village de pêcheurs, donné par M. Huet.
57 — 1 Miroir chinois.
58 — 1 Plat en cuivre, donné par l'abbé Herval.
59 — Massue droite ornée de tresses.
60 — Massue courbe des îles Fidgeis.
61 — Massue courbe des îles Fidgeis.
62 — Massue courbe des îles Fidgeis.
63 — Massue courbe des îles Fidgeis.
64 — Massue plate, petite, Iles des Navigateurs.
65 — Massue à tête dentelée.

66 — Massue à tête de champignon.
67 — Massue, ornements en laine.
68 — Pagaie de la Nouvelle-Zélande.
69 — Massue, ébène et blanc, signe de royauté.
70 — Boumarang, Nouvelle-Zélande.
71 — Boumarang, Nouvelle-Zélande.
72 — Boumarang, Nouvelle-Zélande.
73 — Boumarang, Nouvelle-Zélande.
74 — Massue, appelée tête d'ananas, îles des Navigateurs.
75 — Pioche en tête de marbre d'Ualan.
76 — Massue plate, courbe, sculptée.
77 — Pagaie sculptée, Nouvelle-Zélande.
78 — Massue tête d'ananas, îles des Navigateurs.
79 — Massue plate, ébène.
80 — Massue plate, ébène.
81 — Pagaie de la Nouvelle-Zélande.
82 — Casse-Tête plat, Nouvelle-Zélande.
83 — Un lot de flèches.
84 — Bouclier chinois.
85 — Bouclier forme chapeau.
86 — Bouclier forme chapeau.
87 — Ceintures de femmes des Fidgeis.
88 — Ceintures de femmes des Fidgeis.
89 — Ceintures de femmes des Fidgeis.
90 — Ceinture fine de l'île Ualan.
91 — Ceinture fine de l'île Ualan.
92 — Bouclier de la Nouvelle-Hollande.

93 — Bouclier pour parer le Boumarang.
94 — Arme de tête d'os de tortues.
95 — Lances d'os de tortues.
96 — Lances d'os de tortues.
97 — Lance en bois de fer.
98 — Casse-Tête. Iles des Navigateurs.
99 — Casse-Tête. Iles des Navigateurs.
100 — Hache sculptée, tête en marbre.
101 — Epée en dent de requin.
102 — Epée en dent de requin.
103 — Epée en dent de requin.
104 — Casse-Tête des îles Marquises
105 — Casse-Tête des îles Marquises.
106 — Casse-Tête des îles de la Société.
107 — Lance des îles de la Société.
108 — Hache sculptée, tête de marbre.
109 — Tête de hache en pierre d'Ualan.
110 — Pioche de Borneo.
111 — Nualla nulla de Sydney.
112 — Scie en os de poisson.
113 — Hache en os de tortue.
114 — Hache en os de tortue.
115 — Casse-Tête, forme bec d'oiseau.
116 — Une ceinture fine d'Ualan.
117 — Perruques de la Nouvelle-Guinée.
118 — Peigne fin de la Nouvelle-Guinée.
119 — Peigne fin de la Nouvelle-Guinée.
120 — Callebasse de la Nouvelle-Guinée.
121 — Casse-Tête courbe des îles Fidgeis.

122 — Casse-Tête courbe des îles Fidgeis.
123 — Lot de flèches fines.
124 — Casse-Tête courbe.
125 — Casse-Tête courbe.
126 — Casse-Tête, Nouvelle-Zélande.
127 — Epée en dent de requin.
128 — Epée en dent de requin.
129 — Epée en dent de requin.
130 — Epée en dent de requin.
131 — Massue forme bec d'oiseau.
132 — Casse-Tête forme racine.
133 — Hache sculptée, tête en pierre.
134 — Casse-Tête plat, courbe, sculpté.
135 — Casse-Tête plat, courbe, sculpté.
136 — Pagaie bois de fer.
137 — Pagaie bois de fer.
138 — Pagaie bois rouge, sculptée, Nouvelle-Zélande.
139 — Lot de flèches.
140 — Un bouclier.
141 — Casse-Tête ananas.
142 — Casse-Tête ananas.
143 — Bouclier en peau de Rhinocéros.
144 — Lance de Java, armée de fer, pour chasser le tigre.
145 — Lance de Java, armée de fer, pour chasser le tigre.
146 — Lance de Java, armée de fer, pour chasser le tigre.

147 — Lance de Java armée de fer pour chasser le tigre.

148 — Lance de Java armée de fer pour chasser le tigre.

149 — Lance de Java armée de fer pour chasser le tigre.

150 — Panier en jonc de Borneo.

151 — Panier en jonc de Borneo.

152 — Arme de Borneo.

153 — Ceinture de Borneo.

154 — Sarbacane de Borneo.

155 — Étui à flèches empoisonnées, Borneo.

156 — Panier à tête de Borneo.

157 — Une grande lance à large dent.

158 — Un Javelot sculpté, ébène.

159 — Un Javelot sculpté, ébène.

160 — Une Lance ornée d'os humains, des îles Fidgeis.

161 — Une Lance, deux pointes à pêche.

162 — Javelot dentelé sculpté.

163 — Javelot à dent sculpté.

164 — Javelot à dent sculpté.

165 — Une lance armée de dents de requin.

166 — Une lance armée de bois de fer.

167 — Une belle lance à cent os humains.

168 — Lot de flèches chinoises.

169 — Arc chinois.

170 — Porte arc chinois.

171 — Lance en fer de Java.

172 — Drapeau chinois.

173 — Drapeau chinois.

174 — Bouclier rouge d'Amérique.

175 — Sarony, étoffe de Java.

176 — Sarony, étoffe de Java.

177 — Une grande pièce blanche, tapa de la cour de Tahiti.

178 — Une grande pièce blanche imprimée, de la cour de Tahiti.

179 — Une grande pièce blanche imprimée, de la cour de Tahiti.

180 — Une grande pièce blanche imprimée, Nouvelle-Zélande.

181 — Ceinture des îles Fidgies.

182 — Marteau de la Nouvelle-Zélande.

183 — Chemisette cambare de Borneo.

184 — Chemisette cambare de Borneo.

185 — Modèle de bière chinoise.

186 — Modèle de bière chinoise.

187 — Modèle de joncque malaise.

188 — Modèle de joncque, armée en guerre.

189 — Modèle de joncque, armée en guerre.

190 — Bateau de Singapour.

191 — Bateau de l'île Ceylan.

192 — Bateau à balanciers.

193 — Bateau à balanciers.

194 — Clewan ou kriss Javanais.

195 — Monnaie en écaille de Ualan.

196 — Kriss Javanais.

197 — Kriss Javanais.

198 — Coupe de Java.

199 — Coupe de Java.
200 — Rasoir chinois.
201 — Cloche de l'île de Java, très vieille.
202 — Fragment de statue du temple de Robobodo, Java.
203 — Une grosse pagaie, bois de fer.
204 — Bambous, lettre de Java.
205 — Bambous, lettre de Java.
206 — Rasoir chinois.
207 — Musique, guimbarde de Java.
208 — Musique, guimbarde de Java.
209 — Dent entière d'éléphant.
210 — Dent sciée à plat.
211 — Dent sciée en travers.
212 — Paire de pantoufile chinoise.
213 — Soulier de femme, chinois.
214 — Bout de drapeau chinois.
215 — Bout de drapeau chinois.
216 — Bout de drapeau chinois.
217 — Bout de drapeau chinois.
218 — Modèle de maison d'habitation à Java.
219 — Modèle de maison d'un fermier.
220 — Modèle d'écurie.
221 — Modèle de grenier.
222 — Modèle de panneterie.
223 — Lot d'ustensiles et d'outils de Java.
224 — Magasin à riz.
225 — Voiture à buffles.
226 — Un manteau de Nouveau-Zélandais.

227 — Métier à tisser à Java.

228 — Bottes du Nord, données par M. Selles.

229 — Herminette, donnée par M. Dénouettes.

230 — Yatagan arabe.

231 — Couteau indien.

232 — Lance, Côte-d'Afrique, donnée par M. Maire.

233 — 11 Lances de Sarracoles, pays de Galam.

234 — 2 Fers de lances, Haute-Sénégambie.

235 — 4 Couteaux maures, Ackerss.

236 — 2 Sabres maures, Ackerss.

237 — 3 Grigris maures du Sénégal.

238 — 2 Colliers musulmans.

239 — 3 Paires de sandales, Bambara.

240 — 1 Bride, maure.

241 — 1 Hache, Bambara.

242 — 2 Instruments musique, Bambara Sénégambie.

243 — 6 Sacs ou cartouchières, maures.

244 — 2 Sacoches maures du Sénégal.

245 — 2 Carquois et arcs du Kano, Haute Sénégambie.

246 — 1 Chapeau, chef Bambara.

247 — 1 Modèle de Pirogue, donné par M. Fauvel.

248 — Arme guerrière, remplaçant l'étendard, ornée de grelots.

249 — Arme guerrière, remplaçant l'étendard, ornée de grelots.

250 — Chapeau très fin de Borneo.

251 — Idole de la Nouvelle-Zélande.
252 — Bracelet de la Nouvelle-Zélande.
253 — Bracelet de la Nouvelle-Zélande.
254 — Peigne fin.
255 — Deux peaux de requin, tannées.
256 — Une grande lance, île des Navigateurs.
257 — Une grande lance, île des Navigateurs.
258 — Une grande lance, île des Navigateurs.
259 — Une grande lance, île des Navigateurs.
260 — Lance à larges dents.
261 — Lance à dents fines.
262 — Lance simple, très belle, ébène.
263 — Lance à dents fines.
264 — Lance à ornements.
265 — Lance armée de dents de Kangarou.
266 — Javelot armé de silex.
267 — Javelot de la Nouvelle-Hollande.
268 — Javelot armé de silex de la Nouvelle-Hollande.
269 — Javelot armé de silex de la Nouvelle-Hollande.
270 — Grand arc de l'Océanie.
271 — Grand arc de l'Océanie.
272 — Grand arc de l'Océanie.
273 — Grand arc de l'Océanie.
274 — Grand arc de l'Océanie.
275 — Grand arc de l'Océanie.
276 — Arme de guerre.
277 — Lot de flèches chinoises.

www.ingramcontent.com/pod-product-compliance
Ingram Content Group UK Ltd.
Pitfield, Milton Keynes, MK11 3LW, UK
UKHW021944260726
13994UKWH00004B/1517